Casa de Máscaras

Péricles Prade

CASA DE MÁSCARAS

Poesia
ILUMI/URAS

Copyright © *2013*
Péricles Prade

Copyright © *desta edição*
Editora Iluminuras Ltda.

Capa
Eder Cardoso / Iluminuras
sobre fragmento de *European Field* (1991), terracota, 40 mil esculturas com alturas variáveis [de 7,6 a 25,5 cm], Antony Gormley (Londres).
Cortesia do autor.

Revisão
Leticia Castello Branco

CIP-BRASIL. CATALOGAÇÃO-NA-FONTE
SINDICATO NACIONAL DOS EDITORES DE LIVROS, RJ
M438f

Prade, Péricles
    Casa de Máscaras / Péricles Prade. - São Paulo : Iluminuras, 2012.
64p.

ISBN 978-85-7321-402-4

1. Poesia brasileira. I. Título.

10-6020.   CDD: 869.91
                          CDU: 821.134.3(81)-1

19.11.10   03.12.10   023021

2013
EDITORA ILUMINURAS LTDA.
Rua Inácio Pereira da Rocha, 389 - 05432-011 - São Paulo - SP - Brasil
Tel./Fax: 55 11 3031-6161
iluminuras@iluminuras.com.br
www.iluminuras.com.br

Ao meu querido irmão, Umberto, *in memoriam.*

TÁBUA

O calígrafo no interior de Casa de Máscaras, 13
Ronald Augusto

ESPELHO ANTIGO: REFLEXOS

Em Febris Movimentos, 21
Antes do Apocalipse, 22
Pirandello de Costas, 23
Transformação, 24
Com Seu Leque de Pavoa, 25

ENTRE ANJOS

Proteção, 29
Duelo Noturno, 30
Mel de Excelente Qualidade, 31
De Tranças, 32
Distração, 33

MEDULAS

Poderia ser Outono, 37
Só Porque Narciso é meu Nome, 38
Flutua, 39

Na Palma da Minha Mão, 40
Sob as Árvores de Maio, 41

COISAS & SONHOS

Sobras do Medo, 45
Imagem, 46
Animal do Tempo, 47
Gravatas, 48
Invisibilidade, 49

SOBRE O MOSAICO

Diana Caçada, 53
Pragas, 54
Os Notáveis, 55
À Porta dos Infernos, 56
Contemplação, 57

PREMATURA PASSAGEM

É o Desenho, 61
Se Necessário Voa, 62
Revelação, 63
Surpresa, 64
De Repente, 65

ÓRGÃO DE PELES

Aeronauta, 69
Riqueza, 70
Crença, 71
Ecce Homo, 72
O Mais Cruel, 73

CONFISSÕES DE UM LOBO HONRADO

Conspiração, 77
Virtude Romana, 78
Onde o Mal é Gêmeo do Fogo, 79
Desistência, 80
Esboço de um Romance para o Próximo Verão, 81

COM O TEMPO SE RECRIA

Passo a Passo, 85
Mensageiro, 86
Libido, 87
Recusa, 88
Remorsos, 89

CURIOSIDADES

Nathaniel, 93
Binóculo, 94

Perdulário, 95
Vulvas Mecânicas, 96
Posteridade, 97

INSCRIÇÕES SEM MURO

Aparência, 101
Constatação, 102
Pintura, 103
Universo, 104
Metáfora, 105

ARCA NOBRE

Provocação, 109
Derrota, 110
Encontro, 111
Peregrinação, 112
Mágoa, 113

LIÇÃO DAS ÁGUAS

Numa Ilha, 117
Mirante, 118
No Cativeiro, 119
À Deriva, 120
Intuição, 121

EM CINCO DIMENSÕES

Semelhança, 125
Afetos, 126
Outro Tempo, 127
Fogo do Sonho, 128
Nem Toda Casa, 129

TÚMULO DE CRISTAL

Calígrafo, 133
O Herói, 134
Homenagem, 135
Armadilhas, 136
Inimiga, 137

SOBRE O AUTOR, 139

OBRAS DO AUTOR (POESIA), 141

O CALÍGRAFO NO INTERIOR DE
CASA DE MÁSCARAS

Ronald Augusto

Entro em *Casa de Máscaras* pelo pátio dos fundos. O crítico "rasteja/ a sombra [as sobras] à procura do corpo", da parte viva, daquilo que, paradoxalmente, o signo mata e em seguida regenera por meio de uma forma constelada na página, ou seja, a qualidade do sentimento. Manchas gráficas que se compaginam, rastros indiciais da festa do intelecto (do espírito em espiras) de Péricles Prade. O poeta dá continuação ao seu esforço repleto de iluminações fortuitas, seguindo resoluto para o indeterminado. Esse poeta que a um só tempo irriga e põe em questão a tradição tipográfica de que é filho, fecha *Casa de Máscaras* agora como calígrafo. Rasuras de punho contra a usura dos significados dicionários em letra de forma, sua estocada de nanquim sobre a página menos branca que mallarmaica desenha um percurso textual de essencial intraduzibilidade que vai do *nigredo* (sepultamento do "sentido último") ao *rubedo* (corte epifânico via linguagem), passando pelo *albedo* (pureza aquém-lexical). No centro de *Casa de Máscaras* há uma chama pura, o fogo de um cristal que se refrata, sanguíneo como o vestido de Beatrice: "... arde muito mais o amor/ quando o fogo do sonho o precipita".

Mas o leitor entra em *Casa de Máscaras* por onde melhor lhe aprouver, pois para o leitor melífluo de Prade (leitor ulisseida, aventureiro e venturoso em meio ao mar controverso dos discursos) vale o que Cervantes antecipa ao seu "desocupado lector" na soleira do *Quijote*: "... estás en tu casa, donde eres señor della, como el rey de sus alcabalas". De outra parte, os sentidos que o senso comum faz gravitar em torno à área semântica do vocábulo "casa" (refúgio, segurança, intimidade etc.), de pronto dão lugar a uma arquitetura tortuosa, ao dédalo de um pesadelo persecutório onde o leitor, num labirinto sem margens, foge de si mesmo no encalço de sua sombra gaiata; como se se observasse num espelho que refletisse sua imagem sempre de costas. Espada de lucidez feérica contra as espáduas do leitor, esse herói sem *epos*.

Casa de Máscaras se expande feito uma nebulosa verbal suspensa nos negros espaços do confinamento das páginas do livro. Algo infenso ao mundo, fechado entre os dois parênteses da linguagem. Além e aquém de suas entradas e escapes, o mundo é sonho. *Casa de Máscaras* representa uma face da escritura que se mostra irredutível a qualquer propósito exterior a ela. Pois, à diferença dos outros discursos que têm como ponto de partida — e de chegada — a palavra, para a poesia de Péricles Prade "a hipótese de um conteúdo comunicável", anterior ou posterior à fatura mesma do poema, seria um absurdo contraproducente na vertiginosa economia poética da linguagem. Evoco, a propósito, o primeiro terceto do poema "Fogo do sonho" (do qual já citei outros versos): "Obras geniais neste espaço tenho:/ em cima e na parte de baixo, onde/ a biblioteca o mundo meu resume".

Mais uma vez Prade nos guia, sedutoramente, através de um universo estranho e, no entanto, permeado por precários sinais da realidade. No entanto, esse guia perverso — e aqui cumpre não perder de vista o lastro etimológico que recupero ao qualificativo "perverso", do latim *perversus* = posto às avessas — faz tão largos os aposentos de *Casa de Máscaras* que sua "realidade" põe em xeque a própria vida, tornando-a um pesadelo fragmentário. Assim, essa tensão entre a unidade do âmbito poético de *Casa de Máscaras* e a distância remota da vida que deveria estar ao alcance da mão, é a fonte do poder sugestivo da linguagem de Péricles Prade. O mundo "mudo de luz" às vezes retorna e entra pelas escotilhas desse híbrido de casa e de barco ébrio por meio de um lampejo sonoro, rasgo de similitude entre o interno e o externo, o íntimo e o alheio, o individual e o dual do antagonista enquanto *persona*: "Sei que o tempo desta casa/ é outro, agudo como a voz perfeita/ da soprano negra Jessye Norman".

À luz desse sentido, por assim dizer, virtuoso, que gosto de entrever no étimo *pervers*-(ão), pois a prova dos nove da sua alegria implica desarrumar as coisas, arrancar cada situação-objeto do seu lugar consagrado pelo uso ou pelo cansaço propondo novas interpretações e desfechos, enfim, é à luz desse vetor que recomeço minha leitura "desocupada" pelo começo, pela entrada de *Casa de Máscaras*. Mas há algumas anotações que precedem esse ponto inicial. Vejamo-las.

Lançando mão de uma visada *plongée* (de cima para baixo), constato a reiteração de valências no nomadismo rigoroso do poeta. Assim, essa reunião de poemas de Prade se divide em quinze recintos (seções) e em cada um deles há um preciso e precioso mobiliário de sempre cinco poemas, nem mais nem menos, perfazendo uma conta total de setenta e cinco peças. A exemplo do que acontece em *Sob a faca giratória*, com a diferença de que essa obra tem apenas dez recintos (seções). À diferença das cinquenta peças desse e que o *fecham* nos preceitos do equilíbrio e da ordenação inerentes ao número par, *Casa de Máscaras*, por seu turno, se *abre* ao desequilíbrio e à precipitação inventiva do número ímpar. Por outros meios nos diz essa voz belicanora por detrás do poema inaugural do livro, dentro da seção "Espelho antigo: reflexos": "... reflito a explosão/ de granadas disfarçadas". O poeta se sabe bifronte, ambíguo, cortesão divino e malévolo da função poética: "Perverso/ no que faço/ e não faço". Athanor prepara no forno de suas entranhas bibelôs combustos, duelos metafóricos e filosofemas que fosforescem "em febris movimentos". Vertido às avessas o poeta, de acordo com a necessidade, faz de tudo e de nada com a linguagem.

Em *Casa de Máscaras*, afetiva e efetivamente a linguagem se faz de tudo e de nada. Cada poema se consome em sua própria chama de horror e de beleza. Homérico, menos crédulo do que cego, o poeta reza "com palavras embutidas". Há um movimento fracassado, interrompido, da indeterminação para determinação, ponto onde o leitor comum aguarda sequioso por uma "última explicação" que o desobrigue de empreender essa aventura ao (seu) desconhecido. Péricles Prade repropõe a noção de "poesia pura" pelo traço da indeterminação, o que faz dele, felizmente, um poeta cujos ombros não cabem dentro da moldura da virtude que suporta a provação da respeitabilidade. E essa pureza idiossincrática lhe permite, por exemplo, o acinte libérrimo de versos como: "Regenero-me/ atraído pela ninfomaníaca/ transformada em sêmen/ (...)/ Então/ espécie de um deus/ manco, serei guardião ungido pelo sacerdote herege".

O que há de essencial, de irredutível, nesses poemas como que caligrafados de *Casa de Máscaras*; o que é próprio e único de cada um desses poemas não pode ser vertido em língua de todos os instantes, ou seja, não cabe na fala nem na linha da prosa. Do mesmo modo, o que haverá de irredutível na materialidade desses textos e que eventualmente fará de alguém um alguém-leitor apetitoso de tal poética também não pode ser comunicado.

"O pensamento/ desenha castelos/ no papel sem manchas/ (...)/ "...sonhos/ na ponta do lápis invisível". Esse conjunto de versos metaforiza à maravilha a impressão que experimento diante dos poemas de *Casa de Máscaras*, ou seja, de que, na verdade, leio de maneira quase háptica uma série de poemas caligrafados, escritos-

-rasurados à mão. E que por outro lado, o seu *parti pris* hermético ou esotérico não é senão o corolário dessa ação física sobre o suporte papel e que exige de mim uma decodificação mais rente dos sentidos do que do intelecto. É como se por um ato de prestidigitação, Prade tivesse transplantado para o padrão gráfico-editorial do texto impresso o gesto precário do esboço a lápis, da delicada ranhura grafológica. A caligrafia poética dos escritos de *Casa de Máscaras* participa tanto do desenho (Péricles Prade almeja um livro mudo) quanto da escrita. Portanto, a circunstancial imprecisão ou obscuridade dos poemas, se produz mais a partir dessa virtual materialidade do traço feito pelo punho. O impreciso está no corpo significante do poema diagramado febrilmente na folha e não no significado que dele se desprende por uma série de operações mentais, esses "... fantasmas ridentes/ brincando nos sonhos".

Muito mais pode e deve ser escrito ou aventado sobre a rosácea de significados que habita *Casa de Máscaras*, mas, neste ponto, minha fabulação lacunosa começa a se mostrar manca. Sendo assim, os vazios que deixo à margem de minha leitura poderão ser preenchidos por intérpretes vindouros. De outra parte, a meta desta leitura parcial que submeto ao leitor, guardadas as proporções razoáveis, se parece com a leitura de prazer que Borges leva a cabo ao enfrentar, como que à paisana, a *Commedia* de Dante, esse poema sacro comentado até o limite da exaustão e da ordem unida por eruditos experimentados. Tentei atravessar *Casa de Máscaras* levando em conta uma iluminação de Barthes (que, me parece, define à maravilha, a poética de Péricles Prade), segundo a qual o prazer do texto é "o valor passado ao grau suntuoso de significante". Afinal de contas, o texto multifário de Prade (considerando a figura total dessa obra em sua feição presente) não tem de ser associado à utilidade meramente semântica, mas, sim, à fruição vadia do pensamento-arte que não resolve nada; é nesse sentido que uma moral e um conteúdo localizados antes ou depois do corpo a corpo do fruidor com o texto, vão se constituir numa espécie de camisa de força, num desvirtuamento da relação inextrincável entre forma e fundo.

ESPELHO ANTIGO: REFLEXOS

O homem é suas visões.
Kostas Papaioannou

EM FEBRIS MOVIMENTOS

Pêndulo
  entre o bem & o mal,
fantasma contíguo à guilhotina,
reflito a explosão
de granadas disfarçadas.

Perverso
no que faço
  e não faço,
súdito dos vícios da terra,
Athanor de carne
ao desejo incorporado.

No espelho antigo
a imagem à força não sai,
agarra-se à feiura
do passado bifronte
em febris movimentos.

ANTES DO APOCALIPSE

Amuletos
de prata pura
nas orgias de Agosto.

Tomou absinto.

Depois,
retornou à planície
de mãos vazias.
Nela permanece,
confortado pelo profeta
do nada Absoluto.

Sem memória,
os nós das lembranças
não desata.

E assim no Caos
substituiu o Deus ausente.

PIRANDELLO DE COSTAS

Sem flor
    na boca pagã,
prendeu-se no sótão
após o câncer nascer.

À meia-noite fugiu.

Na selva procurou
amantes de lábios leporinos
para ressentir o fogo
de seus ventres capitosos.

Despiu-se da veste estelar,
ao lado do Missal,
quando um poeta medíocre
estrangulou seu duplo.

No encalço do escritor
foi caçador de fêmeas
e do ódio que se esvai
pelo ralo da aventura.

TRANSFORMAÇÃO

Regenero-me,
atraído pela ninfomaníaca
transformada em sêmen.

O sangue
        é troféu
exposto na janela.

Irei ao lugar das Festas,
vê-la com os nativos
aguardando o pênis redentor.

Então,
      espécie de um deus
manco, serei guardião ungido
pelo sacerdote herege
condenado à glória.

COM SEU LEQUE DE PAVOA

O Rei,
        perto do viveiro,
abandonou o jogo de xadrez,
descrente da visita
na Tenda de Sedas Perfumadas.

Mas ela veio
e o cavalgou,
          nomeando
sem receio
os pecados favoritos.

Mais tarde,
       na alcova,
a Rainha um sátiro seduziu
com seu leque de pavoa.

ENTRE ANJOS

Sou a sexta Trombeta.
D.H. Lawrence

PROTEÇÃO

Um anjo,
desses que andam
à solta por aí,
ainda me protege.

O motivo?

Talvez porque
            (a exemplo dele)
também caí da árvore
onde Deus se esconde.

DUELO NOTURNO

Outro anjo,
    aquele
        que não morreu na encosta,[1]
o inimigo encontrou
na Casa de Máscaras.

Esgrimista,
com perfeito lance
apagou a luz da flor
    no camafeu de Lúcifer.

Duelo noturno:
        nem todos sabem
o nome do vencido.

---

[1] Referência ao livro *Um anjo morto na encosta*, de Erico Max Müller.

MEL DE EXCELENTE QUALIDADE

Somente Ele,
       na colmeia de Anjos,
em minha presença se assusta.

Ontem,
      recusou
belo cacho de algodão-doce.

Hoje,
      soprou para longe
a estrela em que nasceu.

Desconheço a razão
dessa conduta.
Afinal,
      há mil anos,
alimento sua cria
com mel de excelente qualidade.

DE TRANÇAS

As sandálias troquei
na festa de São João.

       A negra
              no pé esquerdo.
       A branca
              no pé direito.

Alguém as notou
sob os ingênuos balões
de outrora?

Só a menina,
        Anjo
        de Tranças
nesta foto
da primeira comunhão.

DISTRAÇÃO

Distraído,
      parente
      do anjo de Paul Klee,
a mensagem cifrada
não entendi.

Sentado,
      consultei
Arcanjos,
Serafins,
Querubins,
      mas o segredo
      da letra L
      continua guardado.

Prefiro assim,
com a permissão de Bosch,
Blake, Chagall e Sandro Botticelli.

MEDULAS

O poeta é o cão do seu tempo.
Elias Canetti

PODERIA SER OUTONO

Muito além da flauta amarga,
sobre o ventre
    defunto,
a cor dos cravos brilha.

No velório
a música é medula
   do silêncio
anterior ao incêndio provocado
pelo beijo no sexo da amada.

Com o bico torto
um pássaro-ginete
entre florestas de espinhos conduz
os anéis dos noivos separados.

Separados,
por que não é outono
neste Castelo de Gelo.

SÓ PORQUE NARCISO É MEU NOME

Um centauro
                verde eu vi
cuspindo estrelas no campo.

Nas sobrancelhas da neve
                pousei
os arcos de trigo maduro.

Também
                sou Legião
quando no fogo
multiplico o jogo.

Água doce
                não quero
só porque Narciso é meu nome.

FLUTUA

É o divino
           que me atrai
na morada dos venenos.

Cego,
           oro
com as palavras embutidas
nos dentes do oprimido.

Animal algum
viaja no vinho deste copo
que não vejo,
           mas na boca flutua
como fruto selvagem.

E por isso
           me benzo
com as cores do arco-íris.

NA PALMA DA MINHA MÃO

Outro terremoto
com a língua sustento.

Incógnito,
ando com pernas de chacal
no esplendor das cavernas.

Ainda estão,
         na cabeça emplumada,
as pedras da loucura
fabricada no pântano dos enigmas.

Obediente,
com vértebras a menos
coloco o dorso do animal franzino
na palma da minha mão.

SOB AS ÁRVORES DE MAIO

Relâmpagos
          amáveis
seduzem as flores
sob as árvores de maio.

Ouço
        violinos no abismo
onde geme a leprosa.

Da face enlutada
              extraio
a seiva da melancolia.

Feliz,
        durmo na redoma
em posição de gênio servente.

COISAS & SONHOS

É preciso dar um nome às coisas.
Albano Martins

SOBRAS DO MEDO

Vitral quebrado,
                    arquipélago
de rostos repetidos.

Recolhi,
            na bolsa de camurça,
uma por uma
as sobras do medo.

Joguei-as,
            com mãos trêmulas,
no lixo da cidade
nelas refletido.

IMAGEM

Na cadeira de palha,
           toda flor
              (natural)
é cor
de sol oculto.

Na cadeira de metal,
           toda flor
              (artificial)
é cor
de lua de plástico.

Não me balanço.
Nas pupilas
a imagem
        é a do pai,
que em voz alta
lia *Don Quijote de La Mancha.*

ANIMAL DO TEMPO

Sob a cama,
       todo objeto
lembra o leão de outrora.

Leão.
   Leão
que meus braços morderia
se pendurados os deixasse.

Sob a cama,
somente o animal do tempo
neste dia pressinto
em forma de sombra incompleta.

GRAVATAS

Amarela
(orelha de Van Gogh)

Vermelha
(ferida de Goya)

Azul
(cabelo de Picasso)

Verde
(joelho de Monet)

Negra
(nuca de Chagall)

INVISIBILIDADE

O pensamento
     desenha castelos
no papel sem manchas.

Castelos
     com fantasmas ridentes
brincando nos sonhos.

Sonhos,
     sonhos
na ponta fina
deste lápis invisível.

SOBRE O MOSAICO

A forma arde em seu
fogo de punhais.
Pablo Neruda

DIANA CAÇADA

Cacei Diana dias e noites. Por não dominar o arco, várias flechas perdi. Deixei de caçá-la, em 27 de abril de 1976, quando me informaram que estava aguardando a morte para voltar como lebre durante o parto de sua melhor amiga.

PRAGAS

Eugênia, quando perdeu o olho esquerdo, três pragas rogou ao Cão que a mutilou. A primeira para que ele não mais fosse contemplado pelo dom da vidência. A segunda, para, no dia do próximo aniversário, ser reduzido ao tamanho de um prendedor de gravatas. E a terceira para, com 7 olhos internos, confundi-lo na escuridão quando for chamado ao Reino de Todos os Abismos.

OS NOTÁVEIS

Atrás dos muros os holofotes do Sol atacam os canteiros de ervas adolescentes. Quem as salva são os notáveis de William Blake, comandados por Urizen, apagando-os com sopros intermitentes. Atrás deles uma colônia de pulgas indomadas é sugada pelo Rei dos Indigentes. E tudo, então, volta ao normal.

À PORTA DOS INFERNOS

Uma constelação de minúsculas estrelas cai do cérebro do boxeador irlandês. Com andaimes de socos, deixa nódoas visíveis na cara de Asmodeus. Lutar à porta dos Infernos é sempre ousadia, mesmo se o pacto foi assinado a tempo de o sangue não coagular. Assim é. E assim será.

CONTEMPLAÇÃO

Cortadas as vísceras em fatias iguais, ninguém se atreve a contá-las. É discreto o olhar sobre o insólito mosaico. Com a navalha inquieta na mão, o autista embriagado contempla a própria obra, resignando-se. Um corvo jovem mata seu irmão caçula entre os espaços adultos limitados pelo corte perfeito.

PREMATURA PASSAGEM

Só a morte sabe e adivinha
exatamente nossas qualidades.
Hélinand de Froidmont

É O DESENHO

A morte é o desenho
de meu coração congelado.

Por ela não se aguarda
quando se tem um amor à espera.

À noite
nem sempre é único o sonho.
       Parte-se
em outros, os que se imaginam
múltiplos no mundo.

A morte
   se sonha morta
quando não se vê
no olhar de sua sósia.

A morte é o desenho
de meu coração congelado.

SE NECESSÁRIO VOA

Afiadíssima ou não, pouco importa.
A lâmina quando quer,
                    encontra.
Pode ser qualquer veia,
                    esta
                    ou aquela.

A ceifadora,
a quem a chama,
se necessário voa
na hora certa.

Não se sabe
se mais rápida é a foice
ou Ela mesma
que com as mãos do destino
a governa.

REVELAÇÃO

No umbigo
não só ao poder da tarde
a tarântula se afeiçoa.

Ao poder do umbigo
a tarântula não só à tarde
se afeiçoa.

Aranha,
　　　aranha
de Tarento, fascina-me
tua sábia geometria.

Assim é,
　　　Senhora,
quando a mordida
um ataque mortal revela.

SURPRESA

Sepultar o cérebro,
se o que se lembra
não se quer lembrar
quando o ódio se instala.

Ontem,
      hoje,
            amanhã,
tudo se iguala.

A morte volta a surpreender
e no vazio me vou
por dentro dele, esperando pelo pior

onde as tragédias não têm nome.

DE REPENTE

Nem sempre
               a morte
mostra a cara.

Às vezes vem de repente,
               como a serpente,
dando um bote: assim!

ÓRGÃO DE PELES

Com tais fragmentos foi
que escorei minhas ruínas.
T.S. Eliot

AERONAUTA

Aeronauta,
   no tempo
   desço e subo
sem esforço.

Atingiu-me o golpe
     (certeiro)
quando o olho vazado
reconstruiu o futuro.

É a linha irregular
da cicatriz a que percebo
neste rosário de pelos.

Aeronauta,
   nas esferas adoeço
sem rumo, delirando.

RIQUEZA

Cartas.
      O jogador
soluça várias vezes
com os cotovelos na mesa.

Sete de ouro.
        Sete de espadas.
Sete espadas de ouro.

O jogo
     recomeça
em nome da moeda perdida.

CRENÇA

Creio-me
     Santo, Ímpio,
     Anjo ou Demônio,
criatura volátil
do desassossego.

ECCE HOMO

Eis o homem
e seu caráter,
         órgão de peles
em desalinho.

Com gerânios
         nas têmporas
desconstrói a paisagem
de orquestras amestradas.

Nem todo ritmo
é o da respiração.

O MAIS CRUEL

Não é abril
o mais cruel dos meses.

É o de maio
        pela manhã
das 7 às 11 horas.

E o dia?
O dia em que nasce a traição.

CONFISSÕES DE UM LOBO HONRADO

Esta é a Casa dos loucos.
Elizabeth Bishop

CONSPIRAÇÃO

Geradores perpétuos do Caos,
ajudai-me a benzer
o coração dos que pedem
a forca,
     o exílio,
          o fracasso,
a perda de tudo
rumo à hierárquica fogueira.

O segredo
é o vigilante da resposta
onde o assassino de virgens
é surdo de nascença.

Os arquitetos se foram,
maravilhosos adeptos
da Conspiração Renovada,
aliados no passado,
          presente
          e futuro.

Somente agora sei
que a Távola não é redonda.

VIRTUDE ROMANA

É do ocultista amador
o fascínio pela Besta
na cova do Maldito
quando nela se acasala.

Outro talento
 dessa fera
é saber que água benta
não tolera.

Porque sou
        Lobo Honrado,
salva-me a virtude romana.

ONDE O MAL É GÊMEO DO FOGO

Jamais escreverei Grimórios: dizem
ausente a vocação para a magia.
Logo eu que há muito, muito tempo
com esta Arte supunha sintonia.

Memória das melhores ainda tenho.
Um xamã aflito assim me declarou
à margem esquerda do primeiro Rio
em que Heráclito jovem se banhou.

Discípulo Dele nunca fui. Apenas
garanto que o círculo do bem passei,
lá onde o mal é gêmeo do fogo.

Então o demiurgo vesgo apareceu
e com astúcia de enxadrista armou
as peças quebradiças deste jogo.

DESISTÊNCIA

Todo o corpo
        movimento
com as adagas em punho.

Diante Dele
        mudar de posição
agora tento.

Atiro-lhe raízes de mandrágora,
objetos desterrados, colares falsos
de pérolas negras.

Depois, comprometo-lhe a audição
gritando como um louco.

Desisto.

O ser que dominar não posso
é combatente do além.

ESBOÇO DE UM ROMANCE PARA O PRÓXIMO VERÃO

Cap. I

O Príncipe tem o mesmo sinal
de Satã, o corrupto condutor
dos desenganos, órfão ancestral
a serviço de todas decadências.

Cap. II

Plantará ciprestes onde os pecadores
urinam, os descritos pelo monge
com soberba minúcia
nos alfarrábios do convento.

Cap. III

No trono portátil de ossos sem capela
finalmente sentará, máquina oracular
de sangue difuso, tecida com ruídos,
vulnerável como máscara de borracha.

COM O TEMPO
SE RECRIA

Afinal receberá seu rosto
semelhante a uma selva.
Benjamin Péret

PASSO A PASSO

Na véspera das viagens
o andarilho dança.

Sobre o pé ferido,
sete vezes repete as vozes
da ópera *Don Giovanni*.

Somente o primogênito
chora ao ouvir o canto
coroado pela música profana.

Na partida,
é o gesto do peregrino
que com o tempo se recria.

Sem ânimo,
hospeda-se o maestro
no som da melancolia.

MENSAGEIRO

Atravessei tapetes de arroz
com gaiolas de pombos
nos ombros.

No estrado de madeira
a bagagem depositei,
antes de colorir com fezes
o porão do bandido arrependido.

Perto da goiabeira
        o canivete
é metal solitário.

Outras armas não encontrei
para a degola anunciada.

Volto à origem
como vim, receoso mensageiro
de aves supostamente mansas.

LIBIDO

Nem toda carícia
é espanhola.
        Lembre-se
do cervo com o rosto
no travesseiro molhado,
do galope da égua indiana
no cio, da união da cobra
sob o olhar da corça oferecida,
do símio na árvore
vermelha, da fera que somos
noite e dia
bebendo na fonte
da planta de jade
em busca do prazer crescente.

RECUSA

Com pano molhado
os ouvidos fechei
         & tímpanos rompi
guiado pela agulha enferrujada.

No crepúsculo dobrei o manto
envolto pelo fumo do artista chinês
quando na arena três tigres castrou.

Nas costas
         do guerreiro anão
é mais leve o chumbo das derrotas.

Recuso-me a sair
sob a lona
do Circo Milenar.

REMORSOS

Escorpião,
        abutre,
golfinho,
        todos empalhados
pelo mestre Luigi Pomeranos.

Ando à procura dele
pelo mundo afora.

Dizem que mora
no Outro lado,
        onde o acaso
germina pela manhã.

Quero encontrá-lo
para empalhar remorsos,
espécie de animais doentes
que ainda se movem.

CURIOSIDADES

Para tudo, para as mais estranhas
fantasias, está reservado um incêndio.
Kafka

NATHANIEL[1]

O nadador puritano se esquiva ao avistar, no poço da Casa de 7 Torres, a vitrine de bonecas nuas afundando com o Pastor excitado pela letra escarlate bordada no peito de um fauno que não é o de mármore.

---

[1] Jogo em torno de reminiscências de títulos de livros de Nathaniel Hawthorne (*Casa de 7 torres*, *Letra escarlate* e *Fauno de mármore*).

BINÓCULO

Menor do que o nariz, o binóculo gira em busca de um ponto de luz favorável ao crescimento da flor arrebatada pelo pássaro-cativo.

PERDULÁRIO

Sobre o mundo esbanjou sonhos breves e sonhos longos após ler o *Cancioneiro* de Petrarca[1] ao suicida de plantão.

---

[1] Petrarca escreveu: "*Che quando piace al mondo é breve sogno*" (Que quanto agrada ao mundo é breve sonho). Claro que, em se tratando de um perdulário, os sonhos "longos" também agradam ao mundo.

VULVAS MECÂNICAS

Chovem vulvas mecânicas em Sodoma e Gomorra sempre que um cão libidinoso abandona sua capa de listras roxas.

POSTERIDADE

Diante do altar doméstico recua três passos. Sabe a hora das orações, olha para os lados, e se ajoelha antes de, pela última vez, uivar a ópera desconhecida de Verdi agonizante.

INSCRIÇÕES SEM MURO

A imaginação, é claro, pode
abrir qualquer porta.
Truman Capote

APARÊNCIA

O corpo é puro osso,
eixo que na terra
com o pescoço branco
de cavalo se parece.

CONSTATAÇÃO

No inferno
      pouco é o espaço
para o pensamento que no fogo se congela.

PINTURA

Se no purgatório
a areia é movediça,
ponha o pé esquerdo
com todas as unhas pintadas.

UNIVERSO

Para o poeta cego
o paraíso é olho míope
do universo perdido.

METÁFORA

A borboleta
      sem asas
nem sempre é metáfora do futuro.

ARCA NOBRE

Um verme descreve o verão
melhor do que o relógio.
Dylan Thomas

PROVOCAÇÃO

Invertendo a lógica do vento provocado por espasmos elípticos, o rouxinol de penas indecifráveis foi fisgado pelo anzol do filho adotivo de Américo Vespúcio. Suas concubinas, testemunhas oculares desse prodígio, recarregam as energias no sepulcro do vampiro vaidoso.

DERROTA

O gladiador não mostra a tatuagem no dia da derrota.

ENCONTRO

Foi ao encontro do exímio alquimista, no interior do cacto, onde ele delira, às vezes, na presença de donzelas domadas sem chicote para serem admiradas por Fazar, o arrependido mutilador de clitóris generosos.

PEREGRINAÇÃO

Por ter sido vitorioso, na Austrália, contra os visigodos ressuscitados no lugar errado, o comandante dos cangurus foi coroado Rei de sua raça. O peso da coroa causou-lhe chagas azuis no pescoço. Sendo milagroso o sangue, romeiros de todo mundo já iniciaram a peregrinação.

MÁGOA

Lambeu o olho do Ciclope até magoar a língua, mas as lágrimas eram tantas, tantas, que nem mesmo sudários devolutos das galáxias enxugariam esse dilúvio de mistérios gozosos.

LIÇÃO DAS ÁGUAS

Não atrevesseis o mar, não acrescenteis
a este selvagem abismo as vagas novas do sangue.
Petrônio

NUMA ILHA

Sou a parte imóvel
dos olhos da bruxa,
                  deusa volante
recriada com fios do pesadelo,
concha-feto abraçada
em sua antiga vassoura.

Sou o anverso
do Exu, galo dourado
de cabeça raspada
na hora certa.

Sou o duplo
do mago duplo, espantalho
marinho, fruto
                descascado
no banquete de Platão.

E tudo porque
nasci submerso
invejando Netuno.

MIRANTE

Longe destas ruínas
o mar cresce
em suposto repouso.

Um martim-pescador
dá voos rasantes
precipitando a aurora.

Peixes espertos desovam
nos corais e gemas de ouro
fascinam o mergulhador.

Gaivotas grávidas
não encontram as mães
que nas nuvens se perderam.

Longe destas ruínas
o mar cresce
em suposto repouso.

NO CATIVEIRO

Náufrago,
        é o sabor da tábua santa
que neste sábado
me encanta.

Sem horizonte,
reviro as pálpebras
na original descida.

E me vou
sortido em ondas
enquanto respiro.

No cativeiro
aprendo a lição das águas.

À DERIVA

O barqueiro
não pede socorro.
Só o barco lhe convém,
afundar é puro exercício.

Nos remos gêmeos
                    (com detalhes)
registra o sofrimento.

Deita o corpo
            à deriva,
o nome da queda é prazer.

Às vezes
a vida com a morte
se confunde.

INTUIÇÃO

Água se intui,
ainda que alguém disfarce
sua oculta natureza.

Coagulando ausências,
celebrei a umidade
do útero secreto.

Do filtro carnal escorre
bastardo herdeiro
de Real sabedoria.

E agora nada faço
se nasço caça
à margem dos rios.

EM CINCO
DIMENSÕES

Há habitações formosas
como feridas.
Aragon

SEMELHANÇA

É aqui, entre os livros,
que o gato persa
comigo se assemelha.

Vejo sem rancor seus olhos verdes,
o torso de veludo, o corpo nervoso
pousado sobre o móvel desnudo.

É na memória
que reside este sábio animal
de patas ainda delicadas.

AFETOS

Na parede o retrato iluminado
do poeta que sem perna
refez o inferno ao deixar Paris.

Sobre o divã o desenho oriental,
o pequeno oratório dos Açores,
a máscara adquirida no antiquário.

Sob o abajur a pantufa preguiçosa,
a cordinha solitária do relógio,
a pulseira azul da esposa inibida.

OUTRO TEMPO

Não é da vitrola da infância
a música que ouço, mas a do realejo
esquecido pelo mendigo estrangeiro.

Os pés lavei na bacia doada
pela madrinha e ainda lembro
a alegria da mãe beijando os dedos.

Sei que o tempo desta casa
é outro, agudo como a voz perfeita
da soprano negra Jessye Norman.

FOGO DO SONHO

Obras geniais neste espaço tenho:
em cima e na parte de baixo, onde
a biblioteca o mundo meu resume.

Naturezas-mortas na sala de jantar
ainda vivem: Volpi, Pleticos,
e Rodrigo Antônio de Haro.

Se arde muito mais o amor,
quando o fogo do sonho o precipita,
submisso a essa arte viajar pretendo.

NEM TODA CASA

Nem toda casa é campo minado,
paisagem dolorida, fardo, ódio circular
fermentado pela dupla rede do mal.

Nem toda casa é som de tambor
partido, sentinela de olhos fechados,
árvore precoce podada na doença.

Nem toda casa é muralha de fel,
teia de artifícios, raiz crescida
como nó maligno na garganta.

TÚMULO DE CRISTAL

Há fogo sob a terra
e a chama é pura.
Ingeborg Bachmann

CALÍGRAFO

Três vezes
     cantou.

Três vezes
     cantou
sobre o ninho da águia penitente.

O cantor
é calígrafo.
Aquele que no magma jogou
âncoras de navios perdidos
para agradar um deus sem asas.

O HERÓI

O herói
      não se curva
ao peso da mortalha.

Na planta
      dos pés
é a marca do Zorro
que sem medo entalha.

Sobre
      o andrógino feliz
lança espectros de crânios
e martelos cor-de-rosa.

Centurião
      do planeta,
guarda na Torre da Irmã
seus olhos de vidro.

E chora.
      Chora pedras preciosas
no Altar dos mitos.

HOMENAGEM

Com pincel lunar
                penteio
os cabelos do enforcado
no deserto de luzes.

A cicatriz
           tatuada
pela corda frouxa
lembra a forma de tulipa.

É noite
        ainda
quando o ser de orelhas de abano
presta-lhe sincera homenagem.

ARMADILHAS

Com lâmpadas
              na fronte
vermes idosos
ultrapassam armadilhas.

Flores
      sem pétalas
cercam o túmulo de cristal.

Recuo
      os ponteiros
do relógio veloz
no instante da reza e do gozo.

INIMIGA

No bosque
        rasteja
a sombra
à procura do corpo.

O vingador
        vira a faca
        contra o sol
antes de cortar
a dupla cabeça inimiga.

O prazer
        é maior
quando a vítima
é a esposa do demônio.

SOBRE O AUTOR

Péricles Luiz Medeiros Prade, (Rio dos Cedros, SC, 1942). Escritor (poeta, contista, historiador, crítico literário e de artes plásticas), advogado e professor universitário. Escreveu mais de setenta obras nos campos da poesia, ficção, história, direito, filosofia e artes plásticas. Pertence a inúmeras entidades culturais estrangeiras, nacionais (presidiu a União Brasileira de Escritores/SP) e estaduais. Publicou vários livros de poesia (ver p. 141). Quanto à ficção, publicou: *Os milagres do Cão Jerônimo* (1999, 5. ed.), *Alçapão para gigantes* (1999, 2. ed.), *Ao som do realejo* (2008), *Relatos de um corvo sedutor* (2008) e *Correspondências – narrativas mínimas* (2009). No campo da história: *O julgamento de Galileu Galilei* (1992, 2. ed.), *Paracelso & Giordano Bruno* (1994), *Vesalius, Pare & Harvey* (1994). Sua extensa fortuna crítica compreende, além de artigos, estudos e ensaios, livros a respeito de sua obra, de autoria dos melhores críticos do país (Álvaro Cardoso Gomes, Mirian de Carvalho, Luz e Silva, Jayro Schmidt e Maria Cristina Ferreira dos Santos), além de dois na Itália (os de Franzina Ancona e Maria Del Giudice). Tem vários livros publicados no exterior (italiano, francês e inglês). Como crítico literário publicou *Múltipla paisagem* (1973) e como crítico de artes plásticas os livros: *História das artes plásticas em Santa Catarina* (1973), *Espreita no Olimpo* (1973), *Espaço, natureza e corpo na arte da Renascença* (1986), *Corpo e paisagem: introdução à obra fotográfica de Lair Bernardoni* (1992), *Do que se chama Cabeça ou Cabeças e outras incursões* (2002), *O desenho de Valdir Rocha* (2004), *Bruxaria nos desenhos de Franklin Cascaes* (2009), *A pintura de Sílvio Pleticos* (2009). Quanto aos ensaios, nesta área, publicou textos a respeito de Bosch, Michelangelo, Dali e Dürer. Dentre inúmeros apontamentos críticos para catálogos, escreveu sobre boa parte dos mais significativos artistas brasileiros.

OBRAS DO AUTOR
(poesia)

1. *Este interior de serpentes alegres.* Florianópolis: Roteiro, 1963.
2. *A lâmina.* São Paulo: Literatura Contemporânea, 1963.
3. *Sereia e castiçal.* Florianópolis: Roteiro, 1964.
4. *Nos limites do fogo.* São Paulo: Editora do Escritor, 1973; 2. ed.: São Paulo: Massao Ohno, 1979.
5. *Os faróis invisíveis.* São Paulo: Massao Ohno, 1980.
6. *Guardião dos sete sons.* Florianópolis: Sanfona, 1987.
7. *Jaula amorosa.* Florianópolis: Letras Contemporâneas, 1995.
8. *Pequeno tratado poético das asas.* Florianópolis: Letras Contemporâneas, 1999.
9. *Ciranda andaluz.* Florianópolis: Letras Contemporâneas, 2003.
10. *Além dos símbolos.* Florianópolis: Letras Contemporâneas, 2003.
11. *Em forma de chama (Variações sobre o unicórnio).* São Paulo: Quaisquer, 2005.
12. *Pantera em movimento.* Florianópolis: Letras Contemporâneas, 2007.
13. *Tríplice viagem ao interior da bota.* Florianópolis: Letras Contemporâneas, 2007.
14. *Labirintos.* Florianópolis: Letras Contemporâneas, 2008.
15. *Sob a faca giratória.* Florianópolis: Editora Papa-Terra, 2010.

CADASTRO
ILUMINURAS

Para receber informações
sobre nossos lançamentos e
promoções envie e-mail para:

cadastro@iluminuras.com.br

Este livro foi composto em Garamond pela
Iluminuras e terminou de ser impresso em
Janeiro de 2013 nas oficinas da *Orfafic Gráfica,*
em São Paulo, SP, em papel offset 120g.